Dieta Mediterránea para Veganos

Deliciosas recetas veganas mediterráneas que satisfacen el alma para perder peso y seguir un estilo de vida saludable

Descargo de Responsabilidad

Derechos de autor ©2020

Todos los derechos reservados.

Ninguna parte de este libro puede ser transmitida o reproducida en ninguna forma, incluyendo la impresa, electrónica, fotocopiada, escaneada, mecánica o grabada sin el permiso previo por escrito del autor.

Si bien el autor ha hecho todo lo posible por garantizar la exactitud del contenido escrito, se aconseja a todos los lectores que sigan la información aquí mencionada por su cuenta y riesgo. El autor no se hace responsable de ningún daño personal o comercial causado por la información. Se alienta a todos los lectores a que busquen asesoramiento profesional cuando lo necesiten.

Descripción del libro

Este libro está escrito con el único propósito de presentarte recetas veganas del Mediterráneo. Si eres vegano y buscas recetas interesantes para añadir a tu dieta diaria, ¡este es el libro perfecto para ti! Te sorprenderá la gran cantidad de opciones disponibles para aquellos que siguen este estilo de vida y que se encuentran dentro de los límites de la dieta mediterránea.

Las recetas son todas fáciles de hacer y desacreditarán el mito de que los veganos tienen que elegir con cuidado cuando se trata de sabores y condimentos. Estas recetas han sido perfeccionadas para adaptarse a un amplio paladar. Tendrás la oportunidad de incorporar diferentes opciones en tus comidas diarias y no tendrás que aburrirte de tu dieta. ¡Puedes despedirte de tu monotonía e incorporar comidas que mantén tu paladar feliz!

No tienes que limitarte a las opciones mencionadas aquí y puedes inventarte algunas propias. Siempre que uses la misma lista de ingredientes, te divertirás experimentando y creando platos veganos únicos. Si te gusta este libro, puedes compartirlo con tus amigos y familiares.

La dieta vegana es una dieta muy saludable para adoptar y que seguramente te ayudará a mantén un cuerpo sano. Las recetas también pueden ser adoptadas por personas que no son veganos radicales y así, vegano o no, ¡seguro que te enamorarás de este recetario!

Índice

Descargo de Responsabilidad 2

Descripción del libro 3

Índice 5

Introducción 9

Capítulo 1: Pastas, salsas y salsas veganas mediterráneas 11

    Pesto de Cilantro 11

    Pasta de Tahini 12

    Salsa Tahini 13

    Salsa de pimiento, aceituna y rúcula 14

    Hummus 15

    Mutabal libanés 17

    Humus de ajo con cilantro 19

    Receta de salsa de aguacate para tacos 20

    Baba Ganush 21

    Muhammara libanés 23

Capítulo 2: Recetas de desayuno vegano mediterráneo 25

    Pan de Focaccia 25

    Shakshouka vegana 28

Desayuno de cuscús mediterráneo 31

Revoltillo mediterráneo con queso 33

Frittata de calabacín y champiñones 35

Quinoa Mediterránea 37

Revoltillo italiano 38

Cioccolata Calda (Chocolate caliente italiano) 40

Capítulo 3: Recetas de ensaladas veganas mediterráneas 42

Ensalada de invierno con menta y tabulé 42

Ensalada griega 44

Gran ensalada italiana 46

Fattush libanés 48

Ensalada mediterránea 50

Ensalada de zanahoria y garbanzo marroquí 52

Capítulo 4: Recetas de sopa vegana mediterránea 54

Giouvarlakia (Sopa de albóndigas griega) 54

Guiso mediterráneo 57

Sopa de lentejas rojas egipcias 59

Sopa de frijoles del Mediterráneo 61

Sopa de boda italiana 63

Zuppa Vegana 65

Avgolemano (Sopa de Pascua griega) 67

Sopa de lentejas libanesa 69

Sopa de cebolla francesa 71

Sopa de lentejas marroquí 73

Capítulo 5: Recetas de aperitivos veganos mediterráneos 75

La Fava griega 75

Setas rellenas del Mediterráneo 77

Bruschetta italiana con setas salteadas 79

Papas bravas españolas 81

Shish taouk libanés (kebab vegano) 83

Capítulo 6: El plato principal de los veganos del Mediterráneo 85

Spetsofai griego 85

Mujadara con salata libanesa 87

Paella española primavera 89

Shawarma de coliflor 91

Mehshi jazzar sirio 94

El Koshari egipcio 97

Musaca libanesa 99

Capítulo 7: Recetas de postres veganos mediterráneos 101

Pudín de halva del Mediterráneo 101

Postre de sangría española 103

Castagnaccio italiano (Pastel de castañas) 105

Tarta de manzana francesa 107

Pudín de pan tostado francés 109

Halawa de manzana egipcia 111

Baklava siria 113

Conclusión 116

Introducción

La mayoría de la gente se siente aprensiva al adoptar la dieta vegana debido a los mitos que la rodean. La gente cree que tienen que lidiar con una lista de ingredientes muy restringida y hacer platos que carecen de sabor. Sin embargo, esto es sólo un mito y uno que no tiene absolutamente nada de verdad.

En este libro, se te presentará todo un mundo de recetas veganas que te ayudarán a vencer tu monotonía. Todas se encuentran dentro de los límites de la "Dieta Mediterránea". Este tipo de dieta se refiere a los alimentos que fueron consumidos por los griegos e italianos a principios de los 60. Es bien conocida por hacer que la gente esté sana y aumente su longevidad.

La dieta vegana se especializa en dejar de lado la carne y los productos de origen animal como la leche y los huevos. Se dice que esta dieta ayuda a nutrir el cuerpo y a eliminar la acumulación de toxinas. Combinando los efectos de ambas dietas, tendrás la oportunidad de hacer a tu cuerpo todo un mundo de bien.

Gracias a este libro, no tendrás que preocuparte por crear tus propias recetas veganas, ya que puedes simplemente repasar las mencionadas aquí y elaborar un plan de comidas. Hay una gran variedad de preparaciones para elegir, incluyendo pastas, sopas y ensaladas, todas ellas hechas con ingredientes frescos.

No te preocupes por tener que pagar una gran factura por tus compras mensuales, ya que los ingredientes mencionados en este libro no son caros. Podrás hacer comidas completas usando los ingredientes sin exceder tu presupuesto mensual.

Además, no tienes que preocuparte de que se te acaben las recetas, ya que siempre puedes mezcla y combinar los ingredientes y crear tus propias comidas originales. Una vez que le hayas cogido el truco, te sorprenderá tu propia vena creativa. Te agradezco que hayas elegido este libro y espero que te diviertes probando las diferentes recetas que en él se mencionan.

Capítulo 1: Pastas, salsas y salsas veganas mediterráneas

Pesto de Cilantro

Preparación: 10 min	Total: 15 min.	Porciones: 6-8

Ingredientes:

- 4 tazas de hojas de cilantro fresco
- 1 taza de aceite de oliva
- 12 dientes de ajo, pelados
- 1 cucharadita de sal o al gusto
- 1/2 cucharadita de pimienta negra recién molida

Instrucciones:

1. Añade el cilantro, el ajo, la sal y la pimienta a un procesador de alimentos y pulsa.
2. Mientras el procesador de alimentos está funcionando, vierte suavemente el aceite en él. Mezcla hasta que esté suave.
3. Guárdalo en el refrigerador. Puede ser almacenado por 2 días.

Pasta de Tahini

Preparación: 2 min	Total: 15 min.	Porciones: 15

Ingredientes:

- 3 tazas de semillas de sésamo, descascaradas
- 6 cucharadas de aceite de oliva o más si es necesario.

Instrucciones:

1. Calienta una sartén pesada a fuego medio. Añade las semillas de sésamo. Saltea hasta que estén doradas, pero ten cuidado de no quemarlas. Deja enfriar completamente.
2. Coloca las semillas de sésamo en un procesador de alimentos. Añade aceite de oliva. Mezcla para hacer una pasta. Añade más aceite si la pasta es demasiado espesa y mezcla de nuevo.
3. Guárdalo en un frasco hermético en el refrigerador. Puede ser almacenado por muchos meses.
4. Esta pasta se utiliza en la elaboración de muchos platos mediterráneos.

Salsa Tahini

| Preparación: 5 min | Total: 2 min. | Porciones: 6 |

Ingredientes:

- 4 dientes de ajo, picados
- Sal al gusto
- 1 taza de pasta tahini
- 3/4 de taza de jugo de limón
- 6 cucharadas de agua

Instrucciones:

1. Pon el ajo y la sal en un bol. Tritura el ajo y la sal con un mortero y machuca hasta que se haga una pasta.
2. Transfiérelo a un tazón. Añade la pasta tahini, el jugo de limón y el agua. Bátelo hasta que esté bien combinado.
3. Refrigera hasta el uso. Puede almacenarse hasta 5 días.
4. Va bien con los kebabs.

Salsa de pimiento, aceituna y rúcula

Preparación: 15 min	Total: 23 min.	Porciones: 6-8

Ingredientes:

- 30 aceitunas kalamata, sin hueso, en cuartos
- 1 pimiento rojo mediano, finamente picado
- 1 pimiento amarillo mediano, finamente picado
- 2 cucharaditas de semillas de hinojo, trituradas
- 1 taza de rúcula para bebés, picada
- 3 cucharadas de aceite de oliva

Instrucciones:

1. Coloca una sartén antiadherente a fuego medio. Añade el aceite. Cuando el aceite esté caliente, añade las semillas de hinojo y saltea hasta que estén fragantes.
2. Añade los pimientos y saltéalos hasta que estén blandos. Pásalos a un tazón.
3. Añade sal, pimienta y rúcula y revuelve hasta que la rúcula se marchite.

Hummus

Preparación: 5 min	Total: 7 min.	Porciones: 6

Ingredientes:

- 2 tazas de garbanzos cocidos, retiene alrededor de 1/2 taza del líquido cocido
- 2 cucharaditas de pasta tahini
- 2 dientes de ajo, aplastados
- 1/2 cucharadita de sal marina o al gusto
- 1 1/2 cucharadas de jugo de limón fresco
- 3 cucharadas de aceite de oliva extra virgen + extra para sirve.
- Pimienta al gusto
- Pimentón al gusto (opcional)
- Perejil (opcional)

Instrucciones:

1. Mezcla todos los ingredientes, excepto el aceite de oliva (y el pimentón y el perejil si lo utilizas), junto con 1/4 de taza del líquido retenido. Mientras el procesador de alimentos está

mezclando, vierte lentamente el aceite de oliva y mezcla hasta que esté suave. Añade más del líquido retenido si es necesario.

2. Para sirve, vierte el humus en un plato y adorna con pimentón y perejil. Espolvorea un poco de aceite de oliva sobre él también.

3. Sirve con ensaladas, hamburguesas, falafel, verduras crudas, etc.

Mutabal libanés

Preparación: 15 min	Total: 30 minutos	Porciones: 15

Ingredientes:

- 6 berenjenas medianas
- 8 tomates ciruela, finamente picados
- 4 chiles, sin semillas, finamente picados (opcional)
- 8 dientes de ajo, picados
- 2 chalotas, picadas
- 2 tazas de perejil fresco, picado
- 2/3 taza de aceite de oliva extra virgen
- 1/4 de taza de jugo de limón + extra
- 1 cucharadita de comino molido
- Pimienta negra recién molida a gusto
- Sal al gusto
- Rodajas de pepino para adornar

Instrucciones:

1. Precalienta una parrilla. Puedes asar en una parrilla de carbón o asar en un horno.

2. Mantén las berenjenas directamente sobre la llama o el carbón y cocínalas a la parrilla hasta que estén bien cocidas por dentro y carbonizadas por fuera. Da la vuelta a las berenjenas unas cuantas veces usando las pinzas mientras se cocinan.

3. Quita la piel y mantén la pulpa en un colador.

4. Mientras tanto, mezcla los tomates, los pimientos picantes, el ajo, las chalotas, una taza de perejil, la mitad del aceite, el jugo de limón, el comino, la pimienta y la sal. Mezcla bien con la berenjena con un tenedor.

5. Llovizna el aceite restante. Adorna con el perejil restante y rodajas de pepino.

Humus de ajo con cilantro

| Preparación: 7 min | Total: 10 min. | Porciones: 6 |

Ingredientes:

- 2 tazas de hummus
- 2 tazas de cilantro fresco, picado
- 10 dientes de ajo, pelados
- 2 cucharaditas de copos de chile
- 2 cucharaditas de pimienta de cayena
- 1 cucharadita de sal de roca
- 2 cucharadas de jugo de limón
- 2 cucharaditas de aceite de oliva

Instrucciones:

1. Coloca una cacerola a fuego medio. Añade el aceite. Cuando esté caliente, agrega el ajo y saltea durante 3-4 minutos.
2. Añade los copos de chile y cocínalos un par de minutos.
3. Deja enfriar y añade a una licuadora. Añade el cilantro y bátelo durante un minuto. Añade el resto de los ingredientes y mézclalos hasta que estén suaves.

Receta de salsa de aguacate para tacos

| Preparación: 15 min | Total: 17 min. | Porciones: 12-15 |

Ingredientes:

- 2 aguacates maduros, pelados, deshuesados, finamente picados
- 2 tazas de crema agria vegana
- 4 cucharadas de mezcla de condimentos para tacos
- 2 tazas de tomates, finamente picados
- 2 tazas de queso cheddar vegano, rallado
- 1 taza de aceitunas negras, en rodajas

Instrucciones:

1. Añade todos los ingredientes, excepto las aceitunas, a un bol y mézclalos bien.
2. Adorna con aceitunas.
3. Va bien con el pan francés o las tortillas.

Baba Ganush

| Preparación: 5 min | Total: 25 min. | Porciones: 6 |

Ingredientes:

- 1 berenjena grande (alrededor de una libra)
- 3 dientes grandes de ajo, sin pelar
- 3 cucharadas de jugo de limón
- 3 cucharaditas de pasta tahini
- Sal al gusto
- Aceite de oliva extra virgen para la decoración
- Polvo de zumaque para adornar

Instrucciones:

1. Precalienta una parrilla a fuego alto.
2. Mientras tanto, pincha la berenjena con un tenedor. Asa la berenjena hasta que esté tierna por dentro y carbonizada por fuera.
3. Pon el ajo en un pincho. Asa hasta que esté carbonizado y tierno, girando el pincho una vez.

4. Cuando la berenjena y el ajo se enfríen, pela las pieles carbonizadas.

5. Coloca la berenjena, el ajo, el jugo de limón, la pasta tahini y la sal en un procesador de alimentos. Mezcla hasta que esté suave.

6. Transfiere a un tazón de sirve. Vierte aceite y polvo de zumaque y sirve.

Muhammara libanés

Preparación: 10 min	Total: 40 min.	Porciones: 12

Ingredientes:

- 4 pimientos rojos
- 1/2 libra de nueces, tostadas + extra para adornar
- 4 cucharadas de melaza de granada
- 5 cucharadas de pasta de tomate
- 1/2 taza de aceite de oliva extra virgen, dividido
- 2 dientes de ajo, picados
- 1 1/2 tazas de migas de pan
- 2 cucharaditas de zumaque
- 2 cucharaditas de copos de pimienta roja
- 1 cucharadita de pimienta de cayena o al gusto
- 2 cucharaditas de azúcar
- 2 cucharadas de perejil fresco, picado para adornar

Instrucciones:

1. Cubre ligeramente los pimientos con aceite y colócalos en una bandeja de hornear engrasada.
2. Hornea en un horno precalentado a 425° F durante unos 30 minutos. Voltea los pimientos un par de veces mientras se cocinan.
3. Transfiere a un tazón. Cúbrelo y déjalo a un lado por un tiempo hasta que se enfríe.
4. Pela, despeja y corta los pimientos en trozos.
5. Añade todos los ingredientes en una licuadora y mézclalos hasta que estén suaves.
6. Adorna con perejil y nueces y sirve a temperatura ambiente.
7. Guarda en un contenedor hermético en el refrigerador. Puede ser almacenado hasta 2 o 3 días.

Capítulo 2: Recetas de desayuno vegano mediterráneo

Pan de Focaccia

| Preparación: 10 min | Total: 60 minutos | Porciones: 4-6 |

Ingredientes:

Para la pasta:

- 1 1/2 tazas de harina no blanqueada todo uso.
- 1/2 taza de agua caliente
- 1/2 cucharadita de cebolla en polvo
- 1/2 cucharadita de albahaca seca
- 1/2 cucharadita de orégano seco
- 1/4 de cucharadita de tomillo seco
- 1/4 de cucharadita de pimienta en polvo
- 1/2 cucharadita de sal
- 1/2 cucharadita de néctar de agave
- 1 diente de ajo, picado
- 2 cucharaditas de aceite de oliva

- 1/2 cucharada de levadura seca activa

Para la cubierta:

- 2 cucharadas de tomate seco, en rodajas.
- 1 cucharadita de aceite de oliva
- 3-4 aceitunas, en rodajas
- 1 cebolla pequeña, cortada en cuadrados de 1 cm.
- 1/2 cucharada de romero fresco

Instrucciones:

1. Para hacer la pasta: Espolvorea la levadura sobre el agua caliente y déjala a un lado durante 10 minutos.
2. Mientras tanto, mezcla todos los ingredientes secos en un gran tazón.
3. Añade ajo, néctar de agave y aceite al agua caliente.
4. Ahora, vierte esta mezcla en el tazón de los ingredientes secos y amasa en una masa suave. Si encuentras la masa demasiado seca, entonces añade un poco de agua, una cucharada cada vez, y amasa hasta que esté suave. Si la encuentras demasiado pegajosa, añade un poco más de harina, una cucharada cada vez.

5. Pon la masa en un recipiente engrasado. Cubre con una toalla húmeda y déjala a un lado en un lugar cálido durante 20-30 minutos.
6. Engrasa una bandeja de hornear y coloca la masa sobre ella. Enrolla la masa en la bandeja hasta que tenga alrededor de 1/2-3/4 de pulgada de espesor. Presiona la masa y alisa la parte superior para que se pegue a la bandeja para hornear.
7. Cepilla la parte superior con aceite. Esparce la cubierta sobre ella. Presiona ligeramente.
8. Hornea en un horno precalentado a 450°F durante 15-18 minutos o hasta que esté marrón claro.
9. Retira del horno, deja enfriar ligeramente, corta en rodajas y sirve.

Shakshouka vegana

Preparación: 15 min	Total: 45 minutos	Porciones: 4

Ingredientes:

- 1 pimiento rojo, picado
- 4 tomates medianos, picados
- 2 paquetes de tofu firme y sedoso, picado en trozos.
- 4 dientes de ajo, aplastados
- 2 cebollas, picadas
- 2 cucharadas de pasta de tomate
- 2 cucharadas de salsa picante
- 2 cucharaditas de polvo de comino
- 1/2 cucharadita de cúrcuma
- 2 cucharaditas de pimentón
- 2 cucharadas de aceite de oliva
- 2 cucharadas de maicena
- 4 cucharadas de levadura nutricional

- 2 cucharadas de pasta o salsa tahini.
- 1/2 taza de leche de soja/leche de almendra/agua
- Sal al gusto
- Pimienta al gusto
- 1 cebolla verde, en rodajas finas
- Hierbas de tu elección para adornar

Instrucciones:

1. Coloca una sartén a fuego medio. Añade aceite. Cuando el aceite esté caliente, agrega las cebollas y el ajo y saltea hasta que estén suaves.
2. Añade las especias y la sal. Saltea hasta que esté fragante y luego agrega los tomates y el pimiento.
3. Cocina un rato hasta que los tomates empiecen a ablandarse.
4. Añade la salsa picante, la pasta de tomate y un poco de agua y fríe durante un minuto.
5. Baja el calor y hierve a fuego lento.

6. Mientras tanto, mezcla el tofu, la maicena, la cúrcuma, la levadura nutritiva, la leche de soja, el tahini y la sal hasta que esté suave y cremoso.

7. Transfiere la mezcla de pimiento a una gran bandeja engrasada.

8. Esparce toda la mezcla de tofu que desees sobre ella y refrigera el resto de la mezcla de tofu para la próxima vez.

9. Asa en un horno precalentado hasta que la capa de tofu tenga el tono de marrón que deseas.

10. Adorna con hierbas y cebollines y sirve inmediatamente.

Desayuno de cuscús mediterráneo

| Preparación: 5 min | Total: 25 min. | Porciones: 4 |

Ingredientes:

- 1 1/2 tazas de leche de almendra o de soja, sin azúcar.
- Un palito de canela de 1 pulgada
- 1/2 taza de cuscús integral sin cocer
- 5 cucharadas de albaricoques secos picados
- 2 cucharadas de grosellas secas
- 3 cucharaditas de azúcar moreno oscuro, divididas o al gusto.
- 1/8 de cucharadita de sal
- 2 cucharaditas de mantequilla vegana, derretida, dividida

Instrucciones:

1. Coloca una cacerola a fuego medio. Añade la leche de soja y la canela. Calienta durante un par de minutos, pero sin que llegue a hervir.

2. Quítalo del calor. Añade el cuscús, mezcla bien. Añade los albaricoques, las grosellas, el azúcar moreno y la sal.

3. Cubre y mantén a un lado durante 15 minutos. Descarta la canela en rama. Mezcla bien.

4. Sirve en tazones individuales cubiertos con mantequilla.

Revoltillo mediterráneo con queso

| Preparación: 10 min | Total: 25 min. | Porciones: 6 |

Ingredientes:

- 6 cartones (4 onzas cada uno) de sustituto de huevo
- 1/4 de taza de queso feta vegano sin grasa
- 3 cucharadas de mantequilla vegana
- 1 cebolla grande, finamente picada
- 1 pimiento rojo grande, finamente picado
- 1 cucharadita de albahaca seca, machacada
- Sal al gusto
- Pimienta al gusto
- 12 rebanadas de pan integral, tostado

Instrucciones:

1. Vierte el sustituto del huevo en un bol y bate. Añade la albahaca, la sal y la pimienta y bate de nuevo.

2. Coloca una sartén antiadherente grande a fuego medio. Añade mantequilla vegana. Añade el pimiento rojo y la cebolla cuando la mantequilla se derrita.

3. Saltea hasta que las cebollas estén translúcidas. Añade la mezcla de sustituto de huevo y revuelve. Cocina hasta que se asiente. Revuelve de vez en cuando.

4. Espolvorea el queso y sírvelo sobre una tostada.

Frittata de calabacín y champiñones

Preparación: 10 min	Total: 30 minutos	Porciones: 6-8

Ingredientes:

- 2 calabacines medianos, cortados por la mitad a lo largo, en rodajas finas.
- 16 onzas de champiñones, en rodajas
- 1/2 taza de cebollas, finamente picadas
- 4 cucharadas de mantequilla vegana
- 6 cartones (4 onzas cada uno) de sustituto de huevo sin colesterol
- 2 dientes de ajo, picados
- 1 cucharadita de hojas de tomillo fresco, picadas
- Sal al gusto
- 1/4 de cucharadita de pimienta negra molida

Instrucciones:

1. Vierte el sustituto del huevo en un bol y bate. Añade el tomillo, la sal y la pimienta y bate de nuevo.

2. Coloca una gran sartén antiadherente en el horno a fuego medio. Añade mantequilla vegana. Añade los champiñones, el calabacín y la cebolla cuando la mantequilla se derrita.

3. Saltea hasta que las cebollas estén translúcidas. Añade el ajo y saltéalo hasta que esté fragante.

4. Añade la mezcla de sustituto de huevo y revuelve ligeramente de inmediato. No revuelvas después de esto.

5. Cúbrelo y cocínalo hasta que se asiente.

6. Pon la sartén en un horno precalentado y asa hasta que la parte superior esté dorada.

7. Corta en cuñas y sirve.

Quinoa Mediterránea

Preparación: 10 min	Total: 30 minutos	Porciones: 4-6

Ingredientes:

- 2 tazas de quinoa, cocina según las instrucciones del paquete.
- 1 1/2 tazas de tomates secos al sol, en rodajas finas.
- 1 1/2 tazas de pimientos asados, cortados en rodajas finas
- 30 aceitunas kalamata, sin hueso, en cuartos
- 1 1/2 tazas de corazones de alcachofa, cortados en rodajas finas
- 1 cucharada de jugo de limón
- 10 dientes de ajo, picados
- 1/2 taza de albahaca, en rodajas finas
- Sal al gusto
- Pimienta en polvo al gusto

Instrucciones:

1. Añade todos los ingredientes a un bol y mézclalos bien.
2. Sirve como está o enfría y sirve después.

Revoltillo italiano

| Preparación: 10 min | Total: 20 minutos | Porciones: 4 |

Ingredientes:

- 1 1/2 paquetes de tofu, desmoronados
- 1 cebolla grande, picada
- 1 chile verde, en rodajas finas
- 1 pimiento verde pequeño, picado
- 1 pimiento rojo pequeño, picado
- 1 pimiento amarillo pequeño, picado
- 4 dientes de ajo, picados
- 2 cucharadas de aceite de oliva
- 2 cucharadas de condimento italiano o al gusto
- 1 1/2 cucharaditas de hojuelas de pimiento rojo trituradas
- 1 cucharadita de polvo de cúrcuma
- 3 tazas de espinacas, enjuagadas, picadas
- 1 1/2 tazas de tomates cherry
- 4 cucharadas de alcaparras

- 1 1/2 cucharaditas de sal marina o al gusto

Instrucciones:

1. Coloca una sartén a fuego medio. Añade aceite. Cuando el aceite esté caliente, agrega cebollas y pimientos y saltea hasta que las verduras estén blandas.

2. Añade cúrcuma y condimento italiano y saltéalo durante unos segundos.

3. Añade las espinacas, el chile verde y los tomates y saltéalos durante unos minutos hasta que las espinacas se marchiten.

4. Añade el tofu y las alcaparras, mézclalo bien y caliéntalo bien. Prueba y ajusta los condimentos si es necesario.

5. Quítalo del fuego y sírvelo.

Cioccolata Calda (Chocolate caliente italiano)

Preparación: 5 min	Total: 10 min.	Porciones: 2

Ingredientes:

- 4 cucharadas de cacao en polvo, sin azúcar.
- 1 1/2 tazas de almendras
- 1/4 de taza de leche de anacardo
- 4 cucharaditas de almidón de maíz
- 4 cucharadas de azúcar granulado
- 1/2 cucharadita de extracto de vainilla

Instrucciones:

1. Añade todos los ingredientes, excepto la maicena, la vainilla y la leche de anacardo, a una licuadora y bátelos hasta que quede suave. Viértelo en una cacerola grande.
2. Coloca la cacerola a fuego medio. Deja que hierva a fuego lento, revolviendo con frecuencia.

3. Bátelo en un pequeño tazón, la maicena y la leche de anacardo.

   Vierte esta mezcla en la cacerola, revolviendo constantemente.

4. Reduce el calor y hierve a fuego lento hasta que se espese.

5. Retira del fuego y añade el extracto de vainilla.

6. Mezcla bien, vierte en las tazas y sirve.

Capítulo 3: Recetas de ensaladas veganas mediterráneas

Ensalada de invierno con menta y tabulé

Preparación: 10 min	Total: 30 minutos	Porciones: 4

Ingredientes:

- 6 cucharadas de bulgur, cocinar según las instrucciones del paquete
- 1 cebolla pequeña, picada
- 1 taza de perejil bien apretado, picado
- 1 taza de hojas de menta fresca bien apretadas, picadas
- 1/2 cucharadita de ajo, picado
- 3 cucharadas de avellanas, picadas, tostadas
- 1 pepino, picado
- 3 tomates secos en aceite, enjuagados, secados.
- 2 cucharadas de aceite de tomates secos.
- 2 cucharadas de jugo de limón
- Sal al gusto

- Pimienta al gusto

Instrucciones:

1. Añade todos los ingredientes a un bol y mézclalos bien. Enfría por lo menos una hora y sirve.

Ensalada griega

| Preparación: 10 min | Total: 12 min. | Porciones: 6 |

Ingredientes:

- 10-12 tomates cherry maduros
- 2 tomates medianamente maduros, cortados en trozos.
- 1 cebolla roja grande, pelada, cortada en rodajas muy finas.
- 2 pepinos, cortados en rodajas gruesas
- 2 pimientos verdes, sin semillas, cortados en anillos
- 1/2 taza de eneldo fresco, picado + extra para la guarnición
- 1/2 taza de hojas de menta fresca, picada + extra para adornar
- 1/2 taza, aceitunas negras, sin hueso, en rodajas
- Sal marina a gusto
- 2 cucharadas de vinagre de vino tinto
- 6 cucharadas de aceite de oliva virgen extra griego
- 1 taza de queso feta vegano sin grasa, desmoronado
- 2 cucharaditas de orégano

Instrucciones

1. Mezcla todos los ingredientes, excepto el aceite, el queso y el orégano, en un gran tazón. Mezcla bien.

2. Espolvorea aceite de oliva, queso y orégano por encima y sirve inmediatamente.

Gran ensalada italiana

| Preparación: 15 min | Total: 20 minutos | Porciones: 4 |

Ingredientes:

Aderezo:

- 2 tazas de perejil fresco italiano, sin apretar.
- 20-25 hojas grandes de albahaca
- 1/2 cucharadita de orégano seco
- 4 dientes de ajo, pelados
- 1/2 taza de vinagre de vino tinto
- 1 taza de aceite de oliva extra virgen
- 1 1/2 cucharadita de sal o al gusto
- 1/2 cucharadita de pimienta
- 3 cucharaditas de néctar de agave

Ensalada:

- Una lechuga romana de cabeza grande, lavada, picada

- Una cabeza pequeña de achicoria, cortada por la mitad, sin corazón, picada
- Una lechuga iceberg de cabeza pequeña, picada
- 1 pimiento grande, picado
- 1 pepino de invernadero, cortado en rodajas
- 2 zanahorias, cortadas por la mitad, en rodajas finas.
- 1 taza de tomates cherry, cortados por la mitad
- Media taza de aceitunas verdes, sin hueso
- 1 taza de ricotta vegana

Instrucciones:

1. Mezcla todos los ingredientes de la ensalada en un gran tazón.
2. Mezcla todos los ingredientes del aderezo en una licuadora hasta que esté suave.
3. Vierte la mitad del aderezo sobre la ensalada y mezcla, prueba y añade más aderezo si es necesario.

Fattush libanés

| Preparación: 15 min | Total: 30 minutos | Porciones: 4 |

Ingredientes:

- 1 pan de pita integral de 6 pulgadas, partido
- 2 cucharadas de aceite de oliva extra virgen, divididas
- 3/4 de cucharadita de zumaque molido, dividida
- 2 cucharadas de jugo de limón
- 1/4 de cucharadita de sal o al gusto
- Pimienta recién molida a gusto
- 1 lechuga romana de cabeza mediana, picada
- 1 tomate grande, picado
- 1 pepino pequeño, picado
- 1 cebolla roja pequeña, cortada en rodajas finas
- 1 cucharada de menta fresca, finamente picada

Instrucciones:

1. Coloca las mitades de pita en una bandeja de hornear con la parte rugosa hacia arriba. Cepilla media cucharada de aceite de oliva y espolvorea la mitad del zumaque sobre ella.
2. Hornea en un horno precalentado a 350°F durante unos 15 minutos o hasta que esté crujiente y dorado. Cuando esté lo suficientemente frío para manejarlo, córtalo en trozos del tamaño de un bocado.
3. En un tazón de vidrio, agrega el jugo de limón, sal, pimienta, el aceite restante y el zumaque. Bate bien. Añade el resto de los ingredientes y los trozos de pita.
4. Echa lo suficiente para cubrir.
5. Sirve después de 15 minutos.

Ensalada mediterránea

Preparación: 15 min	Total: 30 minutos	Porciones: 2-3

Ingredientes:

Para la ensalada:

- 2 pepinos persas, picados
- 1 pimiento verde pequeño, sin semillas, picado
- 2 -3 rábanos, picados
- 2 tomates, picados
- 2 cebollas verdes, en rodajas
- 1 pepinillo de eneldo, picado

Para el aderezo:

- 2 cucharadas de aceite de oliva extra virgen
- 1/2 cucharadita de ajo en polvo
- Jugo de 1/2 limón
- Sal al gusto
- Pimienta al gusto

Instrucciones:

1. Añade los ingredientes del aderezo a un bol y bátelos bien.
2. Añade el resto de los ingredientes y mézclalos bien.
3. Refrigera durante 15 minutos. Vuelve a mezclar y sirve.

Ensalada de zanahoria y garbanzo marroquí

| Preparación: 15 min | Total: 20 minutos | Porciones: 2-3 |

Ingredientes:

Aderezo:

- 2 cucharadas de aceite de oliva extra virgen
- 1/2 cucharadita de cáscara de limón, rallada
- 2 cucharadas de jugo de limón
- 2 cucharadas de jugo de naranja fresco
- 3/4 de cucharada de néctar de agave
- Sal al gusto
- 1/2 cucharadita de comino molido
- 1/2 cucharadita de jengibre molido
- 1/4 de cucharadita de canela molida
- 1/4 de cucharadita de cilantro molido
- 1/4 de cucharadita de tierra todas las especias
- 1/4 de cucharadita de pimienta de cayena

Ensalada:

- 3/4 de libra de zanahorias, peladas, ralladas
- 3 cucharadas de grosellas
- 1/4 de taza de almendras, en rodajas, tostadas o nueces, picadas
- 2 cucharadas de cilantro fresco, picado
- 2 cucharadas de menta fresca, picada
- 1/2 a 15 onzas de lata de garbanzos, enjuagados, escurridos
- 1 cucharada de chalotas, picadas
- 2 dientes de ajo, picados

Instrucciones:

1. Mezcla todos los ingredientes de la ensalada en un bol grande.
2. En un pequeño tazón, bate todos los ingredientes del aderezo.
3. Vierte el aderezo sobre la ensalada. Mezcla. Cúbrelo y refrigéralo hasta que lo uses.

Capítulo 4: Recetas de sopa vegana mediterránea

Giouvarlakia (Sopa de albóndigas griega)

Preparación: 10 min	Total: 60 minutos	Porciones: 4

Ingredientes:

- 3/4 de taza de lentejas marrones secas, enjuagadas, remojadas en agua durante un par de horas si es posible.
- 2 cucharadas de pan rallado
- 7 cucharadas de arroz integral de grano largo
- 1/4 de taza de harina
- 1 cebolla pequeña, picada
- 3 tazas de caldo de verduras
- 1/2 cucharada de maicena mezclada con 2 cucharadas de agua
- 2 cucharadas de perejil, picado
- 1 cucharada de aceite de oliva
- 1 cucharada de semillas de lino molidas

- Sal al gusto
- Pimienta al gusto
- Jugo de un limón
- 2 tazas de agua

Instrucciones:

1. Coloca una cacerola con 2 tazas de caldo y lentejas a fuego medio-alto y ponlo a hervir.
2. Reduce el calor y cocina a fuego lento hasta que las lentejas estén cocidas. Cuela las lentejas y retén el agua cocida
3. Coloca otra cacerola pequeña con 6 cucharadas de arroz y el resto del caldo, y cocina hasta que el arroz esté cocido.
4. Añade el líquido retenido de nuevo a la cacerola. También añade agua y colócalo a fuego medio.
5. Mientras tanto, añade las lentejas y la mitad del arroz cocido a una licuadora y pulsa hasta que se haga un puré grueso.
6. Pasa a un gran tazón. Añade el resto del arroz cocido, el perejil, el aceite, el pan rallado y las semillas de lino y mézclalos hasta que estén bien combinados.

7. Divide la mezcla y dale forma en 10-12 pequeñas bolas.

8. Añade la cucharada restante de arroz crudo al caldo y echa las bolas de lentejas en él.

9. Reduce el calor y hierve a fuego lento durante unos 30 minutos.

10. Añade la mezcla de fécula de maíz al caldo que está hirviendo a fuego lento y remueve suavemente. Añade el jugo de limón, sal y pimienta.

11. Sirve caliente en tazones. Rocía un poco de aceite de oliva si lo deseas.

Guiso mediterráneo

Preparación: 20 min	Total: 60 minutos	Porciones: 6-8

Ingredientes:

- 1/2 calabaza, pelada, sin semillas, en cubos
- 1 taza de berenjena, en cubos
- 1 taza de calabacín, cortado en cubos
- 1/2 paquete de 10 onzas de quimbombó congelado, descongelado
- 1/2 lata de 8 onzas de salsa de tomate
- 1/2 a 15 onzas de lata de garbanzos, escurridos, enjuagados
- 1/2 taza de cebollas, picadas
- 1/2 taza de champiñones, en rodajas
- 2 dientes de ajo, picados
- 1 tomate, picado
- 1 zanahoria, en rodajas finas
- 1 pimiento pequeño, picado
- 1/2 taza de caldo de verduras bajo en sodio
- 1 cucharada de aceite de oliva

- 3 cucharadas de pasas de uva
- Una gran pizca de polvo de canela
- 1/4 de cucharadita de polvo de cúrcuma
- Escamas de chile rojo al gusto
- 1/4 de cucharadita de polvo de comino
- Una gran pizca de pimentón
- 2 cucharadas de perejil, picado para adornar

Instrucciones:

1. Coloca una sartén a fuego medio con aceite. Cuando el aceite esté caliente, agrega la cebolla y el pimiento y saltea durante un par de minutos. Añade las especias y saltea durante unos segundos hasta que estén fragantes.
2. Añade la berenjena, el ajo, los champiñones y saltéalos durante unos 5-7 minutos. Añade el resto de los ingredientes y cocina a fuego lento hasta que las verduras estén cocidas.
3. Adorna con perejil y sirve en tazones.

Sopa de lentejas rojas egipcias

| Preparación: 15 min | Total: 45 minutos | Porciones: 6 |

Ingredientes:

- 1 1/2 tazas de lentejas rojas
- 5 tazas de agua
- 1 zanahoria, en rodajas
- 1 cebolla mediana, picada
- 2 tomates Roma, picados
- 6 dientes de ajo, picados
- 1/2 cubo de caldo vegano
- 3 cucharaditas de comino molido
- 1/2 cucharadita de cilantro molido
- 1 cucharadita de sal
- 3/4 de cucharadita de pimienta negra recién cortada

Instrucciones:

1. Coloca una cacerola con 4 tazas de agua, lentejas, tomates, zanahoria, cebolla, ajo y caldo a fuego medio.

2. Cocina hasta que las lentejas estén tiernas.

3. Quítalo del calor y déjalo enfriar un rato. Mezcla toda la mezcla con una licuadora de inmersión.

4. Añade comino, sal, pimienta y cilantro a la taza de agua restante y añádelo a la sopa mezclada. Remueve bien y calienta a fondo.

5. Sirve caliente en tazones.

Sopa de frijoles del Mediterráneo

Preparación: 10 min	Total: 55 minutos	Porciones: 8

Ingredientes:

- 2 cebollas medianas, picadas
- 1 1/2 cucharadas de aceite de oliva
- 4 dientes de ajo, aplastados
- 2 hojas de laurel
- 2 zanahorias medianas, en rodajas
- 1 1/2 latas (15 onzas cada una) de frijoles rojos oscuros.
- 1 1/2 latas (15 onzas cada una) de salsa de tomate
- 1 1/2 latas (15 onzas cada una) de frijoles cannellini
- 6 tazas de caldo de verduras
- 3/4 de taza de vino tinto
- 3 cucharadas de perejil seco
- 1 cucharadita de orégano seco
- 1 1/2 cucharaditas de tomillo seco

- Sal al gusto

- Pimienta en polvo al gusto

Instrucciones:

1. Coloca una olla a fuego medio. Añade el aceite.

   Cuando el aceite esté caliente, agrega las cebollas y las zanahorias y saltea hasta que las cebollas estén translúcidas.

2. Añade el ajo y saltéalo hasta que esté fragante. Añade el resto de los ingredientes y ponlos a hervir.

3. Baja la temperatura y coce a fuego lento durante unos 25-30 minutos.

4. Sirve en tazones de sopa individuales.

Sopa de boda italiana

Preparación: min	Total: min.	Porciones: 4

Ingredientes:

- 1/2 taza de cebollas, finamente picadas
- 2 cucharadas de aceite de oliva
- 1 zanahoria mediana, picada
- 2 tallos de apio, picados
- 1 diente de ajo entero, pelado
- 1 cucharadita de ajo, picado
- 1/3 taza de pasta ditalini
- 2.5 onzas de espinacas frescas, picadas
- 4 tazas de caldo de verduras
- 1/2 cucharada de orégano seco
- 1/2 cucharada de perejil seco
- 1/2 cucharada de albahaca seca
- 1 cucharada de jugo de limón
- Sal al gusto

- Pimienta al gusto

Instrucciones:

1. Coloca una olla a fuego medio con una cucharada de aceite. Cuando el aceite esté caliente, agrega las cebollas y el ajo y saltea hasta que estén translúcidas.

2. Añade las zanahorias y el apio y saltéalos durante 4-5 minutos. Añade las especias secas y saltéalas durante unos segundos.

3. Baja el fuego, añade la pasta y coce a fuego lento durante 10 minutos. Echa las albóndigas y continúa hirviendo a fuego lento.

4. Mientras tanto, coloca una sartén a fuego medio. Añade una cucharada de aceite. Cuando el aceite esté caliente, añade un diente de ajo entero y aplástalo simultáneamente mientras se cocina. Añade las espinacas y cocina hasta que se marchiten. Transfiere a la olla. Añade el jugo de limón, sal y pimienta y calienta a fondo.

5. Sirve en tazones de sopa individuales.

Zuppa Vegana

Preparación: 15 min	Total: 50 minutos	Porciones: 8

Ingredientes:

- 1 taza de cebollas, picadas
- 1/2 libra de papas pequeñas, picadas en trozos del tamaño de un bocado
- 6 tazas de hojas de col rizada, picadas, desechar los tallos duros y las costillas
- 4 dientes de ajo, picados
- 1 lata (15 onzas) de frijoles pintos (escurridos y secos)
- 5 tazas de caldo de verduras
- 1/2 cucharadita de albahaca seca
- 1/2 cucharadita de orégano seco
- 1/4 de cucharadita de romero seco, triturado
- 1/4 de cucharadita de copos de pimienta roja
- 1/4 de cucharadita de semillas de hinojo
- 1/4 de taza de leche no láctea

- 1 cucharada de levadura nutricional

Instrucciones:

1. Coloca una olla o cacerola grande a fuego medio. Añade las cebollas y una cucharada de agua y saltéalas hasta que las cebollas se ablanden. Añade el ajo y saltéalo durante un minuto.
2. Añade el resto de los ingredientes, excepto la col rizada, la leche y la levadura nutricional, y ponlos a hervir.
3. Baja el fuego, cubre y cocina hasta que las papas estén tiernas.
4. Añade la col rizada, cubre y cocina de 5 a 8 minutos hasta que esté verde brillante y tierna.
5. Quita la mitad de la sopa, mézclala con una batidora de mano y vuélvela a poner en la olla.
6. Recalienta. Prueba y ajusta los condimentos si es necesario.
7. Añade la leche y la levadura nutricional. Mezcla bien.

Avgolemano (Sopa de Pascua griega)

Preparación: 10 min	Total: 50 minutos	Porciones: 3-4

Ingredientes:

- 1/2 taza de arroz integral de grano largo, remojado en agua durante una hora
- 2 cucharaditas de aceite de oliva
- 1 chalota, picada
- 1 cebolla pequeña, picada
- 1 zanahoria mediana, picada
- 1 diente de ajo grande, picado
- 1 tallo de apio, picado
- 4 tazas de caldo de verduras bajo en sodio
- 2 cucharaditas de miso blanco
- 2 cucharadas de jugo de limón
- 1/2 cucharadita de sal
- 1 cucharada de pasta de tahina
- 3 cucharadas de eneldo fresco, picado

- 2 cucharadas de levadura nutricional

Instrucciones:

1. Coloca una olla a fuego medio. Añade el aceite. Cuando el aceite esté caliente, agrega las cebollas y saltea hasta que estén translúcidas. Añade las chalotas, la zanahoria y el apio y saltea hasta que estén tiernas.
2. Añade el ajo y saltéalo hasta que esté fragante. Vierte agua si se pega.
3. Añade el arroz y saltéalo durante un par de minutos. Añade el caldo y la sal y ponlo a hervir.
4. Baja el fuego y coce a fuego lento hasta que el arroz esté cocido.
5. Mezcla en un tazón, jugo de limón, miso y tahini con 1/4 de taza de la sopa hirviendo. Viértela en la olla y revuelve. Añade la levadura nutricional y cocina a fuego lento durante un par de minutos.
6. Añade eneldo y déjalo cocer a fuego lento otros 2 minutos.
7. Sirve en tazones de sopa.

Sopa de lentejas libanesa

Preparación: 15 min	Total: 50 minutos	Porciones: 6

Ingredientes:

- 1 taza de lentejas rojas o marrones, recogidas, enjuagadas, remojadas en agua durante una hora si es posible.
- 1 1/2 cucharadas de aceite de oliva
- 3 dientes de ajo, picados
- 1 cebolla grande, finamente picada
- 1 taza de espinacas picadas
- 1/2 cucharadita de pimienta de cayena
- 1 cucharadita de comino molido
- 2 cucharadas de jugo de limón
- Ralladura de 1/2 limón
- 2 cucharadas de menta fresca, picada
- Sal al gusto
- Pimienta recién molida a gusto

Instrucciones:

1. Coloca una olla grande a fuego medio. Añade el aceite y las cebollas y saltéalas hasta que estén translúcidas.
2. Baja el fuego y cocina hasta que las cebollas estén de color marrón claro.
3. Añade el ajo y saltéalo hasta que esté fragante. Añade las especias y revuelve. Añade las lentejas y el agua y deja que hierva.
4. Baja el fuego y cocina a fuego lento hasta que las lentejas estén listas.
5. Añade la menta, la sal y la pimienta. Quita un poco de las lentejas cocidas, tritura y vuelve a añadirlas a la olla.
6. Añade las espinacas y cocínalas hasta que se marchiten. Añade el jugo de limón, la cáscara, la sal y la pimienta y cocina a fuego lento durante un par de minutos.
7. Vierte en tazones de sopa y sirve.

Sopa de cebolla francesa

| Preparación: 15 min | Total: 45 minutos | Porciones: 4 |

Ingredientes:

- 2 tazas de cebollas, en rodajas
- 1 cucharada de mantequilla vegana
- 6 cucharadas de vino tinto o jerez
- 4 tazas de caldo vegetal
- 2 ramitas de tomillo
- Sal al gusto
- Pimienta recién molida a gusto
- 1/2 cucharada de vinagre balsámico
- 1 hoja de laurel
- 1/2 taza de mozzarella vegana o queso cheddar.
- 3 ramitas de perejil de hoja plana
- Unos pocos crotones para sirve

Instrucciones:

1. Coloca una olla a fuego medio-alto. Añade la mantequilla, la cebolla, la sal y la pimienta y saltéala durante unos 5 minutos. Revuelve con frecuencia.

2. Añade el vino y el vinagre y déjalo hervir a fuego lento durante 5-7 minutos. Añade el caldo, las especias y las hierbas y deja cocer a fuego lento durante 15 minutos.

3. Vierte en tazones de sopa. Cubre con crotones y queso y sirve.

Sopa de lentejas marroquí

Preparación: 10 min	Total: 55 minutos	Porciones: 4

Ingredientes:

- 1 cebolla, picada
- 2 dientes de ajo, picados
- 1/2 cucharadita de jengibre fresco, rallado
- 4 tazas de agua o caldo vegetal
- 1/2 taza de lentejas verdes
- 1/2 a 15 onzas de lata de garbanzos, escurridos
- 1/2 taza de quinoa
- 1/2 a 14,5 onzas de una lata de tomates cortados en cubos
- 1/2 taza de zanahorias, cortadas en cubos
- 1/4 de taza de apio
- 3/4 de cucharadita de canela molida
- 1/4 de cucharadita de nuez moscada molida
- 1/4 de cucharadita de pimienta de cayena
- 1 cucharadita de pimentón

- 1/4 de cucharadita de hilos de azafrán
- 1/4 de cucharadita de comino molido
- 1/2 cucharada de aceite de oliva
- 2 cucharadas de cilantro fresco, picado
- 2 cucharadas de perejil fresco, picado
- 2 cucharadas de jugo de limón
- Sal al gusto
- Pimienta al gusto

Instrucciones:

1. Coloca una olla grande con aceite de oliva a fuego medio. Añade las cebollas, el ajo y el jengibre. Saltea hasta que las cebollas estén translúcidas.
2. Añade el resto de los ingredientes y ponlos a hervir.
3. Baja el fuego y cocina a fuego lento durante una hora o hasta que las lentejas estén cocidas.
4. Quita la mitad de la sopa de la olla. Enfría un poco y mézclala con una batidora de mano. Transfiere el puré de sopa de nuevo a la olla. Mezcla bien, recalienta y sirve.

Capítulo 5: Recetas de aperitivos veganos mediterráneos

La Fava griega

Preparación: min	Total: min	Porciones:

Ingredientes:

- 2 tazas de santorini fava (guisantes amarillos partidos), enjuagados
- 4 cucharadas de aceite de oliva
- 2 cebollas grandes, picadas
- 1 cucharadita de sal Para adornar:
- Jugo de limón según sea necesario
- Aceite de oliva extra virgen, según sea necesario.
- 2 cebollines, cortados en rodajas finas
- 2 cucharadas de alcaparras

Instrucciones:

1. Pon la fava en una olla grande. Cubre con agua y pon a hervir. Empezará a hacer espuma. Quita la espuma, escurre la faba y vuelve a enjuagar.
2. Añade la fava de nuevo a la olla. Añade 5 tazas de agua y ponla a hervir.
3. Reduce el calor y hierve a fuego lento. Añade las cebollas, el aceite y la sal y cocínalas hasta que la salsa esté tierna. Si está demasiado seco, entonces agrega más agua.
4. Quita del calor y deja enfriar. Mezcla con una licuadora de inmersión hasta que esté cremoso.
5. Vierte en pequeños platos. Rocía aceite y jugo de limón sobre él. Espolvorea alcaparras y cebollines y sirve.

Setas rellenas del Mediterráneo

Preparación: 10 min.	Total: 40 min.	Porciones: 6-8

Ingredientes:

- 2 docenas de cabezas de champiñones comunes, descarta los tallos
- 1/2 taza de queso feta vegano, desmoronado
- 2 latas de corazones de alcachofa enteros, escurridos
- 4 cucharadas de aceite de oliva, divididas
- 2 cucharaditas de cáscara de limón, rallada
- 1 cucharadita de hierbas mediterráneas secas o Herbes de Provence
- 1/2 cucharadita de pimienta recién molida
- Sal al gusto

Instrucciones:

1. Engrasa una fuente de horno con una cucharadita de aceite. Coloca los champiñones en el plato con el tallo hacia arriba.

2. Corta las hojas del corazón de la alcachofa y métalas dentro de los champiñones. Espolvorea feta, cáscara de limón, pimienta y hierbas secas sobre los champiñones. Rocía el aceite restante sobre ellos.

3. Hornea en un horno precalentado durante unos 30 minutos.

4. Pon palillos en los champiñones y sirve.

Bruschetta italiana con setas salteadas

Preparación: 15 min	Total: 35 minutos	Porciones: 4-5

Ingredientes:

- Unas cuantas rebanadas de pan italiano vegano, tostado
- 1 cucharada de ajo, en rodajas
- 4 tazas de champiñones mezclados de tu elección, picados
- Un gran puñado de hojas de tomillo fresco, picadas
- 2 puñados de hojas de perejil de hoja plana, picadas
- 5 cucharadas de aceite de oliva extra virgen + extra si es necesario
- Sal al gusto
- Pimienta en polvo al gusto

Instrucciones:

1. Coloca una sartén a fuego medio. Añade la mitad del aceite. Cuando esté caliente, agrega el ajo y saltea hasta que esté fragante.

2. Añade los champiñones, sal y pimienta y saltéalos hasta que estén blandos. Retira del fuego y deja enfriar durante un tiempo. Revuelve y remueve.

3. Añade el perejil y el tomillo y cocina durante unos 5 minutos.

4. Quítalo del calor.

5. Para servir: Coloca los champiñones cocidos sobre las rebanadas de pan tostado. Sazona con sal y pimienta. Rocía un poco de aceite de oliva sobre ellos y sirve

Papas bravas españolas

Preparación: 10 min	Total: 40 min.	Porciones: 4

Ingredientes:

- 3/4 de libra de papas rojas, cortadas en trozos de 1 pulgada de espesor.
- 1/3 taza de tomates triturados en lata
- 2 cucharadas de aceite de oliva, divididas
- 1/2 cucharadita de pimentón ahumado caliente
- 2 cucharaditas de ajo, picado

Instrucciones:

1. Coloca las papas en una bandeja de hornear y espolvorea una cucharada de aceite sobre ellas. Mezcla y espolvorea sal y pimienta.

2. Hornea en un horno precalentado a 425°F hasta que se dore. Voltea y hornea por otros 8-10 minutos hasta que se doren.

Espolvorea la mitad del ajo sobre ellos, mézclalos y transfiérelos a un tazón.

3. Mientras tanto, haz la salsa de la siguiente manera: Coloca una cacerola con el aceite restante a fuego medio. Añade el ajo restante y saltea hasta que esté fragante.

4. Añade pimentón, sal, pimienta y tomates y cocina a fuego lento hasta que la salsa se espese.

5. Sirve con las papas asadas.

Shish taouk libanés (kebab vegano)

| Preparación: 10 min | Total: 20 minutos | Porciones: 6 |

Ingredientes:

Para el marinado:

- 1/2 taza de yogur vegano normal
- 4 cucharadas de pasta de tomate
- 6 cucharadas de jugo de limón
- 6 cucharadas de aceite de oliva
- 2 cucharadas de pimentón
- 1 cucharadita de comino molido
- 1 1/2 cucharaditas de tomillo seco
- 1/2 cucharadita de pimienta inglesa
- 8 dientes de ajo, picados
- Sal al gusto
- Pimienta al gusto

Para los kebabs:

- 16 onzas de tempeh o 28 onzas de tofu firme, al cubo
- 1 pimiento verde grande, cortado en cuadrados de 1 pulgada.
- 1 pimiento rojo grande, cortado en cuadrados de 1 pulgada.
- 1 cebolla, cortada en cuartos, hojas separadas
- Spray de cocina
- brochetas de bambú empapadas en agua durante 30 minutos justo antes de asarlas.

Instrucciones:

1. Mezcla todos los ingredientes del marinado en un tazón. Añade el tempeh o el tofu y mézclalo bien.
2. Cúbrelo y refrigéralo durante al menos 4 horas.
3. Enhebra el tofu o tempeh en los pinchos alternando con cebollas y pimientos.
4. Asa a la parrilla en una parrilla precalentada a fuego medio. Rocía con spray de cocina.
5. Dale la vuelta a los kebabs para que se doren por todos lados. Sírvelos calientes.

Capítulo 6: El plato principal de los veganos del Mediterráneo

Spetsofai griego

| Preparación: 20 min | Total: 55 minutos | Porciones: 4-6 |

Ingredientes:

- 2 salchichas grandes veganas, en rodajas
- 1 cebolla mediana, en rodajas finas
- 3 cucharadas de aceite de oliva
- 3 dientes de ajo, en rodajas
- 2 cebollines, cortados en rodajas finas
- 1 pimiento verde, cortado en trozos
- 1 tomate maduro, rallado
- 1 zanahoria mediana, en rodajas
- 3 cucharadas de vino tinto
- 1/4 de cucharadita de chile en polvo
- 1/2 cucharadita de pimentón dulce
- Una pizca de azúcar

- Sal al gusto
- Pimienta al gusto

Instrucciones:

1. Coloca una sartén a fuego medio-alto. Añade la mitad del aceite. Cuando el aceite esté caliente, agrega las salchichas y saltea durante un par de minutos. Retira y coloca en un plato.
2. Vuelve a poner la sartén en caliente. Añade el aceite restante, las cebollas, el ajo, los pimientos y la zanahoria y saltéalos hasta que las verduras estén blandas.
3. Añade el vino y revuelve.
4. Reduce el calor. Añade los tomates, las especias y el azúcar y continúa cocinando durante unos minutos.
5. Añade las salchichas y cocínalas a fuego lento durante unos 20 minutos. Añade agua si es necesario.
6. Sirve con pan ligeramente tostado.

Mujadara con salata libanesa

| Preparación: 10 min | Total: 40 min. | Porciones: 3-4 |

Ingredientes:

Para los mujadara:

- 1 a 2 cebollas grandes, en rodajas
- 1 taza de lentejas, enjuagadas
- 1 1/2 cucharadas de lentejas, enjuagadas
- 1/2 taza de arroz integral
- 2 tazas de caldo de verduras
- 1 cucharadita de comino molido
- 1/4 de taza de agua o más si es necesario
- Sal al gusto
- Spray de cocina

Para la salata libanesa:

- 1 tomate mediano, picado
- 1/2 manojo de cebollines, picadas

- 1 pepino inglés mediano, picado
- 4 cucharaditas de vinagre de vino tinto
- 4 cucharaditas de aceite de oliva
- Sal marina gruesa a gusto

Instrucciones:

1. Para los mujadara: Añade todos los ingredientes de mujadara, excepto las cebollas, a una cacerola y cocínalos hasta que estén tiernos. Revuelve ocasionalmente.
2. Mientras tanto, coloca una sartén antiadherente a fuego medio. Rocía abundantemente con spray de cocina. Añade las cebollas y saltea hasta que se doren.
3. Transfiere la mezcla de arroz y lentejas cocidas a la sartén y mézclala bien. Retira del fuego.
4. Para hacer salata libanesa: Añade todos los ingredientes de la salata a un bol y mézclalos bien.
5. Coloca la salata sobre el mujadara y sirve.

Paella española primavera

Preparación: 15 min	Total: 30 minutos	Porciones: 8-10

Ingredientes:

- 1 1/2 tazas de arroz blanco de grano corto
- 4 1/2 tazas de caldo de verduras
- 1 1/2 cucharadas de aceite de oliva
- 1 1/2 tazas de cebollines, cortados en rodajas finas
- 1 1/2 tazas de pimiento rojo, picado
- 1 1/2 cucharadas de ajo, picado
- 4 1/2 taza de brócoli o calabacín, picado
- 1 1/2 tazas de tomates cherry o de uva, cortados por la mitad
- 1 1/2 tazas de guisantes verdes, frescos o congelados
- 15 aceitunas negras, reducidas a la mitad
- 15 aceitunas verdes, reducidas a la mitad
- 1/3 de taza de perejil fresco, picado
- 1 1/2 cucharaditas de hilos de azafrán, desmenuzados

- Sal al gusto

- Pimienta al gusto

- Cuñas de limón para servir

Instrucciones:

1. Coloca una sartén antiadherente grande a fuego medio. Añade aceite. Cuando el aceite esté caliente, agrega el pimiento y las cebollas verdes y saltea durante 4-5 minutos.

2. Añade ajo, caldo y azafrán y ponlo a hervir.

3. Añade el arroz y mézclalo bien.

4. Baja el fuego hasta que esté medio bajo, cúbrelo y cocínalo durante unos 10 minutos.

5. Espolvorea brócoli, guisantes, tomates, sal, pimienta y aceitunas sobre el arroz. No lo revuelvas.

6. Cúbrelo y cocínalo hasta que el arroz esté tierno.

7. Quítalo del fuego y déjalo a un lado tapado durante 5-10 minutos.

8. Adorna con perejil y sirve con gajos de limón.

Shawarma de coliflor

Preparación: 15 min	Total: 45 minutos	Porciones: 6

Ingredientes:

Para la mezcla de especias del shawarma:

- 2 cucharaditas de ajo en polvo
- 2 cucharaditas de cilantro molido
- 2 cucharaditas de comino molido
- 1 cucharadita de pimentón
- 1/2 cucharadita de canela molida
- 1/2 cucharadita de pimienta molida
- 1/2 cucharadita de cardamomo molido
- 1/8 de cucharadita de nuez moscada molida
- 1/4 de cucharadita de clavos molidos
- 1/4 de cucharadita de pimienta inglesa molida

Para el shawarma de coliflor:

- 1 coliflor de cabeza grande, cortado en ramilletes
- 1 cucharadita de cayena

- 1/2 taza de agua

- 4 cucharaditas de aceite

- 1 cucharadita de sal

- 2 cucharaditas de pasta de ajo

Para servir:

- Pan de pita según se requiera, calentado

- 1 pepino mediano, picado

- 1 tomate grande, picado

- Hojas de lechuga según sea necesario, picadas

- Salsa de tahini como se requiera

- Hummus según se requiera

- Cilantro fresco, picado

Instrucciones:

1. Para hacer la mezcla de especias de Shawarma: Mezcla todos los ingredientes de la mezcla de especias y reserva (usa tanto como sea necesario).

2. Para hacer shawarma: Coloca una sartén grande a fuego medio y añade coliflor, agua y sal. Cubre y cocina hasta que esté al dente.

3. Añade unas 5-6 cucharaditas de las especias mezcladas al aceite en un tazón. Añade ajo, sal y pimienta. Vierte esta mezcla sobre la coliflor y mézclela bien.

4. Cocina durante 2-3 minutos hasta que esté fragante. Prueba y ajusta los condimentos si es necesario.

5. Esparce una generosa cantidad de humus sobre el pan pita. Pon coliflor, tomates, pepino y lechuga encima.

6. Vierte con la salsa tahini por todas partes. Espolvorea cilantro y sirve.

7. Puedes echar un poco dentro del pan pita también y servir.

Mehshi jazzar sirio

Preparación: 10 min	Total: 1 hora y 45 minutos	Porciones: 4-5

Ingredientes:

Para el relleno:

- 1/2 taza de arroz integral
- 2 dientes de ajo, en rodajas
- 1/4 de taza de cebolla, picada
- 10 zanahorias pequeñas y gordas (4 pulgadas cada una) peladas, recortadas
- 1 cucharada de menta, picada
- 1 cucharada de perejil, picado
- 1 cucharada de eneldo, picado
- 1 cucharada de aceite de oliva
- 3/4 de taza de agua
- 1/2 cucharadita de comino molido
- 1/4 de cucharadita de canela molida

- 1/4 de cucharadita de pimienta inglesa molida
- 1 cucharadita de sal o al gusto

Para la salsa:

- 4 onzas de salsa de tomate
- 1 camote, pelado, cortado en trozos de 1/2 pulgada de espesor.
- 2 cucharadas de salsa de tamarindo
- 1 cucharada de azúcar
- 1 taza de agua
- 6 albaricoques secos, en rodajas
- 1 cucharada de menta, picada
- Jugo de 1/2 limón

Instrucciones:

1. Coloca una sartén a fuego medio. Añade aceite. Cuando el aceite esté caliente, agrega las cebollas y el ajo y saltea hasta que las cebollas estén translúcidas.
2. Añade agua y ponla a hervir. Añade sal y arroz y cocina hasta que el arroz esté tierno.

3. Añade hierbas y especias para mezclar. Retira del fuego y enfría completamente.

4. Coloca una olla de agua a fuego medio. Añade las zanahorias y déjalas hervir. Sácalas con una cuchara ranurada y déjalas a un lado hasta que se enfríen.

5. Deja el fondo de las zanahorias intacto y deshuesa las zanahorias. Echa la mezcla de arroz en las zanahorias y déjalas a un lado.

6. Para hacer la salsa: Añade la salsa de tomate, agua, tamarindo, limón, azúcar y menta a una cacerola y coloca la cacerola a fuego medio. Pon a hervir.

7. Engrasa un bandeja o un asador con aceite. Coloca las rebanadas de camote en una sola capa. Superponlas si es necesario.

8. Coloca las zanahorias sobre los camotes. Coloca los albaricoques entre las zanahorias.

9. Vierte la salsa sobre las zanahorias.

10. Hornea en un horno precalentado hasta que esté casi seco.

El Koshari egipcio

| Preparación: 30 min | Total: min | Porciones: 4 |

Ingredientes:

- 1 taza de macarrones cocidos
- 1 taza de arroz cocido
- 1 1/2 tazas de lentejas marrones cocidas
- 2 latas (6 onzas cada una) de pasta de tomate
- 1 1/2 tazas de agua
- 8 onzas de espinacas congeladas, picadas
- 2 cucharadas de azúcar
- 4 dientes de ajo, picados
- 2 cucharadas de vinagre
- 1/2 cucharadita de cayena
- 1 cucharadita de comino molido
- Sal al gusto
- Aros de cebollas fritas crujientes para servir

Instrucciones:

1. Mezcla el arroz, la pasta, las lentejas y las espinacas.

2. Añade el resto de los ingredientes, excepto los aros de cebolla, a una cacerola y colócalos a fuego medio. Deja que hierva y retire del fuego.

3. Añade la salsa a la mezcla de arroz. Mezcla bien y colócala en un plato para servir.

4. Cubre con cebollas fritas y sirve.

Musaca libanesa

Preparación: 15 min	Total: 50 minutos	Porciones: 8

Ingredientes:

- 6 berenjenas medianas (alrededor de 3 libras), cortadas en cubos de 1,5 pulgadas
- 4 cebollas grandes, en rodajas
- 2 pimientos verdes grandes, cortados en trozos
- 2 cabezas de ajo de tamaño mediano
- 4 tomates grandes, cortados en trozos
- 3/4 de taza de aceite de oliva
- Sal al gusto
- 1/2 cucharadita de pimienta de cayena
- Pan pita para servir

Instrucciones:

1. Coloca una sartén o una olla grande a fuego medio. Añade aceite. Cuando el aceite esté caliente, añade las cebollas y las berenjenas y saltea durante unos 5-6 minutos.

2. Añade el ajo y el pimiento y revuelve.

3. Reduce el calor y hierve a fuego lento durante 10 minutos.

4. Añade los tomates, la pimienta de cayena y revuelve.

5. Cubre y hierve a fuego lento durante 20 minutos. Revuelve un par de veces mientras se cocina.

6. Quita del calor y deja enfriar completamente.

7. Sirve frío con pan de pita.

Capítulo 7: Recetas de postres veganos mediterráneos

Pudín de halva del Mediterráneo

Preparación: 10 min	Total: 30 minutos	Porciones: 8

Ingredientes:

Para el pudín:

- 1 taza de sémola gruesa
- 3 cucharadas de aceite de oliva
- 1/3 taza de nueces mixtas, picadas (almendra, pistacho y anacardo) + extra para la guarnición
- 1/2 cucharadita de canela molida

Para el jarabe:

- 2 1/4 tazas de agua
- 1 taza de azúcar
- 2 cucharadas de brandy
- 1/4 de taza de jugo de naranja
- 1/2 taza de néctar de agave o jarabe de arce o (miel si se usa)

- 1 rama de canela
- 3 clavos enteros

Instrucciones:

1. Para hacer el jarabe: Añade todos los ingredientes del jarabe a una cacerola y colócalo a fuego medio. Pon a hervir. Baja el fuego y cocina a fuego lento durante 5 minutos. Retira del fuego, cubre y deja a un lado.
2. Coloca una cacerola con aceite a fuego medio. Añade la sémola y revuelve bien.
3. Baja el fuego y asa hasta que tengan un color marrón claro. Revuelve con frecuencia.
4. Añade las nueces y tuéstalo durante otros 3 o 4 minutos.
5. Vierte el jarabe en la sartén, revolviendo simultáneamente. Cocina hasta que esté casi seco.
6. Retira del fuego, cubre y deja a un lado por 10 minutos.
7. Transfiere la halva a los moldes y déjala reposar (un par de horas)
8. Para servir, invierte en un plato. Espolvorea canela y nueces y sirve.

Postre de sangría española

Preparación: 10 min	Total: 60 minutos	Porciones: 6

Ingredientes:

- 1/2 paquete de gelatina de limón, sin azúcar
- 1/2 paquete de gelatina de frambuesa
- 1/2 taza de agua hirviendo
- 1/2 taza de agua fría
- 1/2 taza de vino blanco
- 1/2 11 onzas de lata de mandarinas, escurridas
- 1/2 taza de frambuesas frescas
- 1/2 taza de uvas verdes, cortadas a la mitad

Instrucciones

1. Pon agua hirviendo en un gran tazón. Añade las dos gelatinas. Revuelve y disuelve las gelatinas. Mantén a un lado durante 10 minutos.

2. Añade agua fría y remueve bien. Añade el vino y vuelve a remover.

3. Colócalo en el refrigerador durante 45 minutos o hasta que esté ligeramente asentado.

4. Añade naranjas, frambuesas y uvas. Mezcla suavemente. Viértelo en las copas de vino. Colócalo en el refrigerador hasta que se asiente.

5. Sirve frío.

Castagnaccio italiano (Pastel de castañas)

| Preparación: 5 min | Total: 45 minutos | Porciones: 10 |

Ingredientes:

- 3 tazas de harina de castaña
- 3 tazas de agua
- 2 cucharadas de azúcar de coco o azúcar molida fina
- 4 cucharadas de aceite de oliva extra virgen
- 1 taza de pasas de uva
- 1/4 de taza de piñones
- 1/4 de taza de nueces
- 1/8 de cucharadita de sal
- 2 grandes ramitas de romero (usar sólo las hojas).
- Jarabe de arce o néctar de agave según sea necesario

Instrucciones:

1. Añade la harina de castaña, el azúcar, la sal y la mitad del agua a un bol y bátelo. Después de esto, agrega una cucharada de agua a

la vez y bate hasta que esté suave. Recuerda que la masa debe ser suave y de consistencia de gota a gota, pero sin que se escurra.

2. Añade la mitad de las pasas a la masa y mezcla.
3. Engrasa dos bandejas de tarta con un poco de aceite y colócalos en un horno precalentado durante un minuto.
4. Saca las bandejas del horno. Vierte la masa en ellas.
5. Rocía el aceite restante sobre la masa y dobla ligeramente.
6. Espolvorea las pasas, nueces, piñones y romero restantes.
7. Hornea a 400°F durante unos 20-25 minutos hasta que la parte superior esté agrietada y marrón.
8. Saca del horno y deja enfriar. Corta y sirve caliente o frío con jarabe de arce.

Tarta de manzana francesa

| Preparación: 15 min | Total: 45 minutos | Porciones: 12-13 |

Ingredientes:

- 2 cortezas de pastel vegano prehorneadas (9 pulgadas cada una)
- 4 cucharadas de azúcar
- 8 manzanas Granny Smith, peladas, cortadas en rodajas de 1 pulgada de grosor.
- 2 cucharaditas de canela molida
- 1/2 taza de mermelada de albaricoque mezclada con unas 2 cucharadas de agua
- 2 1/2 tazas de compota de manzana

Instrucciones:

1. Coloca una cacerola a fuego medio. Añade la manzana, el azúcar y la canela. Revuelve y cocina durante unos 3-4 minutos. Retira del fuego y reserva hasta que se enfríe.
2. Esparce mermelada de albaricoque sobre la corteza de la tarta. A continuación, esparce salsa de manzana sobre ella.

3. Dispón las rodajas de manzana (ligeramente superpuestas) alrededor de la tarta.

4. Pon las tartas en un horno precalentado a 400°F durante unos 20-30 minutos.

5. Corta en trozos cuando esté caliente y sirve con más mermelada de albaricoque si se desea.

Pudín de pan tostado francés

| Preparación: 10 min | Total: 60 minutos | Porciones: 8 |

Ingredientes:

- 4 tazas de pan francés vegano, en cubos
- 1 cucharada de linaza molida
- 1 taza de leche de almendra
- 2 plátanos medianos, en rodajas finas
- 1 cucharadita de canela molida
- 1/2 cucharada de extracto de vainilla
- Jarabe de arce al gusto
- Crema de coco para servir

Instrucciones:

1. Pon los cubos de pan en un tazón.
2. Añade la leche de almendras, el lino molido, la canela y la vainilla en un tazón y bátelo hasta que esté bien combinado.
3. Vierte esta mezcla sobre el pan y revuelve hasta que esté totalmente cubierto con la mezcla.

4. Transfiere esta mezcla a una bandeja de hornear engrasada.

5. Hornea en un horno precalentado durante 40 minutos hasta que se dore por encima. Rebana cuando esté caliente.

6. Vierte jarabe de arce y sirve con crema de coco.

Halawa de manzana egipcia

| Preparación: 15 min | Total: 60 minutos | Porciones: 8 |

Ingredientes:

- 10 manzanas, peladas, sin corazón, picadas en trozos pequeños.
- 10 cucharadas de néctar de agave o azúcar de coco o al gusto
- 4 cucharadas de aceite de coco
- 2 cucharaditas de canela molida
- 20-25 pistachos, sin sal, picados en trozos grandes
- 4 cucharaditas de agua

Instrucciones:

1. Coloca una sartén a fuego medio-alto. Añade aceite. Cuando el aceite se caliente, agrega las manzanas y cocina hasta que se doren.
2. Baja la temperatura. Añade agua y cocina hasta que las manzanas estén tiernas, machacándolas simultáneamente mientras se cocinan.

3. Añade el néctar de agave y la canela y cocina hasta que la mezcla forme un bulto.

4. Aumenta el calor y revolver hasta que se haga difícil revolver la mezcla.

5. Forrar una bandeja de hornear con papel de pergamino. Transfiere la mezcla a él. Alisa con el dorso de una cuchara o espátula.

6. Espolvorea pistacho sobre él. Déjalo deja enfriar un rato. Pícalo en cuadrados y sirve cuando se haya enfriado.

Baklava siria

| Preparación: 10 min | Total: 60 minutos | Porciones: 8 |

Ingredientes:

Para la baklava:

- 1/2 paquete de hojas de hojaldre filo, descongeladas
- 3 cucharadas de mantequilla, derretida
- 3 cucharadas de agua caliente
- 1/4 de taza de almendras molidas
- 25 gramos de azúcar molido

Para rellenar:

- 1/2 taza + 2 cucharadas de pistachos
- 1/2 cucharada de agua de flores
- 1 cucharada de agua de rosas
- 1/2 lata de leche condensada sin grasa, azucarada
- 3 rebanadas de pan tostado, sin corteza

Para el jarabe:

- 1/4 de taza de azúcar
- 1/4 de taza de agua
- 1/2 cucharadita de jugo de limón
- 1/2 cucharada de maicena
- 1/4 de taza de agua para mezcla la maicena

Instrucciones:

1. Para hacer jarabe: Añade media taza de agua a una cacerola. Colócala a fuego medio. Añade el azúcar y lleva a ebullición, baja el fuego y cocina a fuego lento durante 5-6 minutos.

2. Mezcla en un pequeño tazón la maicena y 1/4 de taza de agua. Añade esto a la solución de azúcar. Revuelve constantemente hasta que se espese.

3. Retira del fuego y añade el jugo de limón. Mantenlo a un lado hasta que se enfríe.

4. Para rellenar: Mezcla todos los ingredientes del relleno y mantén aparte.

5. Para hacer la baklava: En un pequeño tazón, mezcla el polvo de almendra y el azúcar molido.
6. Engrasa una bandeja de horno y coloca una hoja de hojaldre sobre ella. Engrasa con mantequilla derretida. Del mismo modo, engrasa dos hojas más con mantequilla
7. Esparce un poco de relleno sobre una hoja de hojaldre. Ahora, coloca una hoja de hojaldre sobre la capa de relleno. Engrasa con mantequilla.
8. Espolvorea un poco de mezcla de almendras sobre la segunda hoja.
9. Repite el proceso con las otras dos hojas con mantequilla.
10. Engrasa la superficie superior con mantequilla derretida.
11. Hornea en un horno precalentado a 350°F hasta que se dore.
12. Sácalo del horno. Corta en forma de diamante.
13. Vierte el jarabe enfriado sobre él.
14. Deja enfriar y luego sirve.

Conclusión

¡Me gustaría agradecerte una vez más por descargar este libro!

Quiero reiterar que la dieta vegana del Mediterráneo es una de las combinaciones más interesantes de dos tipos diferentes de opciones dietéticas. En el curso de este libro habrás aprendido a preparar diferentes tipos de comidas veganas mediterráneas sin productos lácteos.

Las preparaciones de este recetario están hechas con ingredientes que están fácilmente disponibles en tu mercado local de agricultores. Incluso puedes jugar con los ingredientes y elegir los que se adapten a tus papilas gustativas. Me gustaría agradecerte una vez más por la compra de este libro y espero sinceramente que lo hayas encontrado interesante e informativo.

www.ingramcontent.com/pod-product-compliance
Lightning Source LLC
Chambersburg PA
CBHW071526080526
44588CB00011B/1570